笔著华夏
——郦道元

◎ 主编 金开诚

◎ 编著 郭 蕊

吉林出版集团有限责任公司
吉林文史出版社

**图书在版编目（CIP）数据**

笔著华夏——郦道元／郭蕊编著. —长春：吉林
出版集团有限责任公司：吉林文史出版社，2010.11（2023.4重印）
ISBN 978-7-5463-4105-7

Ⅰ. ①笔… Ⅱ. ①郭… Ⅲ. ①郦道元（约470～527）
－传记 Ⅳ. ①K825.89

中国版本图书馆CIP数据核字（2010）第222263号

# 笔著华夏——郦道元

BI ZHU HUAXIA LIDAOYUAN

主编／金开诚　编著／郭　蕊

项目负责／崔博华　责任编辑／崔博华　刘姝君

责任校对／刘姝君　装帧设计／柳甫泽　王丽洁

出版发行／吉林出版集团有限责任公司　吉林文史出版社

地址／长春市福祉大路5788号　邮编／130000

印刷／天津市天玺印务有限公司

版次／2010年11月第1版　印次／2023年4月第6次印刷

开本／660mm×915mm　1/16

印张／9　字数／30千

书号／ISBN 978-7-5463-4105-7

定价／34.80元

# 前　言

　　文化是一种社会现象，是人类物质文明和精神文明有机融合的产物；同时又是一种历史现象，是社会的历史沉积。当今世界，随着经济全球化进程的加快，人们也越来越重视本民族的文化。我们只有加强对本民族文化的继承和创新，才能更好地弘扬民族精神，增强民族凝聚力。历史经验告诉我们，任何一个民族要想屹立于世界民族之林，必须具有自尊、自信、自强的民族意识。文化是维系一个民族生存和发展的强大动力。一个民族的存在依赖文化，文化的解体就是一个民族的消亡。

　　随着我国综合国力的日益强大，广大民众对重塑民族自尊心和自豪感的愿望日益迫切。作为民族大家庭中的一员，将源远流长、博大精深的中国文化继承并传播给广大群众，特别是青年一代，是我们出版人义不容辞的责任。

　　本套丛书是由吉林文史出版社和吉林出版集团有限责任公司组织国内知名专家学者编写的一套旨在传播中华五千年优秀传统文化，提高全民文化修养的大型知识读本。该书在深入挖掘和整理中华优秀传统文化成果的同时，结合社会发展，注入了时代精神。书中优美生动的文字、简明通俗的语言、图文并茂的形式，把中国文化中的物态文化、制度文化、行为文化、精神文化等知识要点全面展示给读者。点点滴滴的文化知识仿佛颗颗繁星，组成了灿烂辉煌的中国文化的天穹。

　　希望本书能为弘扬中华五千年优秀传统文化、增强各民族团结、构建社会主义和谐社会尽一份绵薄之力，也坚信我们的中华民族一定能够早日实现伟大复兴！

# 目录

一、郦道元生活
　　的时代背景

## （一）民族融合的大时代

　　早在春秋战国以前，汉族就已经成为一个文化发达的农耕民族，他们居住在华北的大部分地区。在这个地区以北的广大草原上，居住着许多游牧民族。游牧民族逐水草而居，短兵轻骑，行动迅速，常常袭击定居农耕、行动迟缓的农耕民族。因此，从春秋战国开始，汉族就营造了许多长城，秦始皇又把这些长城连接起来，于是，长城就成了农耕民族与游牧民族之间的界线。在这条界线上，民族之间不断地发生战争、反抗、融合。战国时代，赵武灵王胡服骑射，就是民族融合的一种形式；之后，汉与匈奴之间的不断和亲，则是民族融合的另一种形式。汉族的力量毕竟相当强大，游牧民族虽然经常侵扰，却始终无法深入中华腹地。同样，汉族虽也屡次进军草原，如汉朝的卫青、霍去病等，并且曾长驱直入，但在达到一定目的后，就

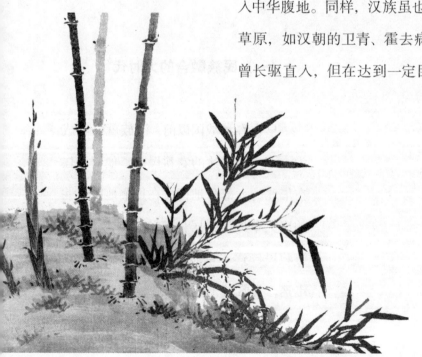

立刻引军南还。因此，双方的战争并不持久，融合的规模也不大。这种情况到了晋朝才开始改变。

西晋末年，发生了历史上称为"八王之乱"的西晋王室的内讧。汉族对北方游牧民族的防御力量削弱，匈奴、鲜卑、羯、氐、羌等原居草原的游牧民族相继进入中原。这就是历史上所谓的"五胡乱华"。各族统治者纷纷割地称雄，相互攻伐不已。这种局面持续时间长达百年之久，整个北部中国陷入了"千里无烟""苍生殄灭""城邑丘墟"的悲境之中。这一时期北方的政权就像走马灯似的不断更替，先后大约出现过十六个政权，历史上称之为十六国时期。晋朝被迫退居江南，称东晋，形成了十六国与东晋南北对峙的局面，直到420年刘裕篡夺东晋帝位建立宋为止。

刘宋是地处江南的南朝的第一个朝代。与此同时，北方的十六国，也先后

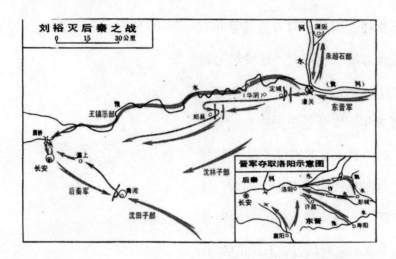

为力量最大的拓跋魏所统一，这就形成了地处华北的北朝。北魏是北朝的第一个朝代。这样，中国王朝更迭的历史，就从东晋、十六国时代，进入南北朝时期。南北朝经历了一百六十多年，直到隋统一全国才结束。这是一个全国分裂、相互混战、干戈扰攘、生灵涂炭的时代，但同时中国的许多民族相互接触、交流、融合，也是一个民族大融合的时代。

## （二）北魏的兴衰

北魏是鲜卑族的一支，原是流徙在

今蒙古高原南北及兴安岭南北一带的一个较大的游牧部落。在魏晋南北朝时，鲜卑族有慕容、乞伏、秃发、宇文、拓跋等部落，先后建立政权，如慕容氏建立的前燕、西燕、后燕，乞伏氏建立的西秦，秃发氏建立的南凉以及宇文氏建立的北周等等。其中以拓跋氏建立的北魏版图最大，国势最盛。

拓跋鲜卑到拓跋郁律（太祖平文帝）任部落酋长时，移居到东木根山（今内蒙古自治区集宁市东北）。之后，另一个部落酋长拓跋什翼犍（昭成帝）营建了他们的首都盛乐（今内蒙古自治区和林格尔以北）。到了道武皇帝拓跋珪时，已是4世纪的后期，才迁都平城（今山西大同市郊东北）。数次的迁都，使部落在不断南迁的过程中，与汉族的接触越来越多，受汉族的影响，使得这个游牧部落逐渐定居下来，并且改变他们的生产和生活方式，从游牧向农耕过渡。拓跋珪

做了二十三年皇帝，国家安定，生产逐渐发展，为北魏的不断强大奠定了基础。

拓跋珪死后，明元帝拓跋嗣即位。他在位十五年，后期江南已经由刘宋取代了东晋，南北朝的形势正式形成。之后，北魏史上雄才大略的太武帝拓跋焘即位。他在位的二十八年中，文治武功，都很可观，使北魏进一步走向繁荣昌盛。武功方面，他东征西讨，不断扩张领土。东晋以来的十六国的领土，大都加入了他的版图。此外，他北御柔然族（东胡族一支）入侵，南征刘宋，攻占洛阳和虎牢（今河南荥阳西北汜水镇），并且亲率大军，长驱直入，进军到长江北岸的瓜步（今江苏六合县），使刘宋首都建康（今南京）的政权惶恐万分。而他在召集群臣后，却下令班师，浩浩荡荡地返回北方。当时，西域诸国如龟兹、疏勒、乌孙、鄯善、焉耆、车师、粟特等都向北魏进贡，高句丽、波斯等国，也都遣使修好。武功之盛，声威之远，由此可见。

拓跋焘在文治方面也有出色的成绩。他任用了一批贤能廉洁的官吏，如侍中古弼、张黎、中书侍郎高允、司空崔浩、司徒长孙道生等，其中许多是汉族知识分子。拓跋焘为北魏扩展了广袤的版图，积聚了强大的实力。而在这个过程中，拓跋魏与汉族杂处，相互融合，逐渐失去了他们原来的民族特点，完成了从游牧部落到农耕民族的过渡。

拓跋焘去世，在经过了文成帝拓跋

濬和献文帝拓跋弘两个为时短暂的皇帝以后，到了北魏延兴元年（471年），北魏历史上另一位有雄才大略的著名皇帝孝文帝拓跋宏即位。他登基的时候只有5岁，先由太后临朝称制。太和十四年（490年），太后去世，拓跋宏就于次年亲政，当时年仅二十余岁。他亲政以后，励精图治，大力革新，广泛推行汉族的礼仪和习俗。他毅然废除部族遗留的发辫制，改行汉族束发为髻的形式。并且被服冠冕，一

遵汉族体制。他又竭力推行汉族流行的所谓三代成法，开始祭尧、舜、禹、周公等汉族所崇敬的人物。谥孔子为"文圣尼父"，并在中书省悬设孔子像，亲自前往拜祭。南征还都后，他还在首都设立国子太学和四门小学，又遴选了几位耆老长者，把他们封为国老庶老。同时在国内普求古代遗书，按汉族体制制礼作乐，并按汉族通行的标准，修正度量衡制度。

除此以外，拓跋宏还实现了北魏首都的再次南迁。北魏自从道武帝拓跋珪把首都从盛乐迁到平城以后到拓跋宏迁都以前，平城已建都达一百年。平城是汉初就存在的古老都邑，经过百年的建设，正如郦道元在《水经注》中所记载的，已经是个初具规模的国都了。但随着北魏版图的扩张，地理位置偏僻的平城已经很难适应幅员辽阔、实力雄厚的北朝大国的需要。而此时，满朝王公大臣，

都已和这个城市有了千丝万缕的关系，迁都牵涉到一个庞大的既得利益集团的切身利益。所以迁都主张遭到满朝官员的反对。拓跋宏设计说服满朝文武百官及倒退势力，终于在太和十八年（494 年）底把首都从平城迁到中原古都洛阳，同年正式下诏："禁士民胡服。"

太和二十年，拓跋宏宣布改变民族的姓氏，把鲜卑语的"拓跋"，改为汉语的"元"。从此，拓跋魏就称为元魏，拓跋宏也改为元宏。这是他"变夷为夏"的一种最坚决的措施，也是民族融合的一种最具体的证明。北魏至此已经达到了全盘的汉化。而其他在这一段时期进入华北的游牧民族也都或早或晚地发展着这种民族融合的进程。

迁都以后，雄心勃勃的拓跋宏调集三十万大军，亲自统率，向寿阳（今安徽寿县）一带进军。军事上虽然取得了不少胜利，但由于朝廷内部出现了以穆泰为首的保守势力的反叛，加上宫闱之中又发生了后妃淫乱的家丑，使拓跋宏心力交瘁，竟于太和二十三年（499年），病死于谷塘源行军途中。

元宏之死，使北魏的局势急转直下。在军事上，多年来的优势迅速消失。宣武帝正始四年（507年），与南梁在淮水的一次战争中，适逢淮水暴涨，梁用小船火攻，使魏军蒙受了伏尸四十里、被掳五万人的惨败。北部边疆的所谓六镇，也先后发生叛乱，使北魏处于腹背受敌的困境之中。在内政上，昏庸淫逸的胡太后于孝明帝熙平元年（516年）临朝，朝政

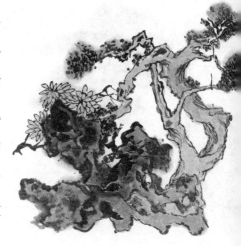

腐败，日甚一日，终至不可收拾。强盛一时的北魏终于在梁中大通六年（534年）分裂为西魏和东魏，最后相继灭亡。

## （三）地理创作的温床

郦道元是一位出身于官宦家庭的北魏王朝的官员。他在南北朝这个干戈扰攘的时代里为官终身，毕生戎马，所以绝不是一个闭门读书、专心著述的人。但他居然写出了《水经注》这样一部不朽的地理名著。述及原因，则不能不提南北朝时期民族融合所带来的地理大迁徙。

南北朝战争频仍，民族融合的时代背景，牵涉到人群在自然地理环境和人文地理环境上的深刻变异。为了躲避战

乱，出现了中国历史上的第一个迁徙高潮。居住在华北和中原地区的人民（以汉族为主）大量向周围地区迁移，其中以向南迁移居多。他们放弃了世代定居的干旱缺水的小麦杂粮区，迁移到低洼潮湿的江南鱼米之乡。当时长江以南地区的经济发展水平远远不能与北方相比，大量北方农民的迁移使汉族与南方少数民族相融合，促进了南方经济的发展，特别是长江中下游地区，到南朝时已经相当富庶。一少部分人民迁到河西走廊、辽东等地，与那里的少数民族一起开发边疆。而大批生活在北方草原的游牧民族，此时也跨过万里长城，相继进入华北和中原，从在广袤无垠的大草原逐水草而居的游牧生活方式转变为日出而作、日落而息的农耕生活。游牧民族虽落后于汉族的经济发展，但是相比之下思路更开阔，敢于接纳新鲜事物，富于创新意识。北方汉族吸收接纳了游牧民族的许多优秀文化内涵，更加勇于开拓进取。

如此规模的民族大迁徙，加速了民族融合，也极大地开阔了各族人民的眼

界。这使得北方及南方的庞大人群，都面临着新的自然地理环境和人文地理环境。新、旧地理环境构成了他们现实生活和思想上的强烈对比，空前地扩大了他们的眼界和丰富了他们的地理知识。两地的风俗习惯逐渐交融在一起，其后代也从他们的父辈那里继承了有关两地的风土人情。这为许多地理学家提供了直接或间接的地理实践机会。资料和实践是地理研究的两大要素。与早期的地理著作包含了大量的假设和想象，缺乏亲身实践经验不同，这时的地理学家和地理著作，不仅在地理资料上左右逢源，其中多数都直接或间接地参加地理大交流，反映了大量的实践结果，这是前代的地理学者和地理著作无法比拟的。

魏晋南北朝时期地理书数量很多，据《隋书》卷三三《经籍志》二史部地理类载，南朝陆澄曾编《地理书》一百四十九卷，注云："合《山海经》以

来一百六十家以为此书。"陆澄书虽早已
不存，但我们知道战国秦汉地理著作很
少，所以"一百六十家"中绝大多数都是
出自魏晋南北朝。陆澄搜集的地理书还
不全，刘知几说："地理为书，陆澄集而
难尽。"以后任昉又编《地记》，"增陆澄
之书八十四家"。二书合计达二百四十四
家。可见这一时期数量之多。从书名看，
《隋志》所载地理书可以粗略地划分为以
下几类。山水类，如《山海经》《水经》
《衡山记》《游名山志》；都城类，如
《洛阳记》《邺中记》；地名类，如《春

秋土地名》《古来国名》《九州郡县名》；
宗教类，如《佛国记》《洛阳伽蓝记》《京
师寺塔记》；少数民族类，如《诸蕃风俗
记》《突厥所出风俗事》；从征记，如《西
征记》《宋武北征记》；总志类，如《十三
州志》《大魏诸州记》《隋区宇图志》《隋
诸郡土俗物产》；州郡地志，如《吴郡记》
《南徐州记》《南州异物志》《三巴记》《司
州记》。地理书种类繁多，令人眼花缭乱。
正是这样一大批种类繁多的地理书，成
为了这一时期的时代特色。

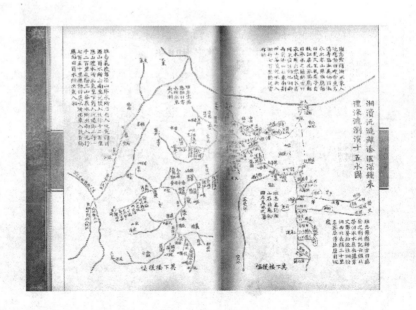

当时人们的地理学思想在其他非地理作品中也有体现。如著名的《敕勒歌》："敕勒川，阴山下，天似穹庐，笼盖四野。天苍苍，野茫茫，风吹草低见牛羊。"用真切生动的笔触描述了北方草原的自然风光，不是身临其境是写不出这样的诗篇的。

这个时代所有知识丰富的地理学家中，最杰出的，无疑就是北魏的郦道元，

而他所撰写的《水经注》，正是这个时代
地理著作中的上乘之作。《水经注》一书
中记载了他在野外考察中取得的大量成
果，这就表明郦道元同其他地理学者一
样，有大量的实践经验。《水经注》的记
载遍及全国，但当时南北分治，郦道元
从未踏足南方，于是他广泛搜集他人地
理著作作为间接的资料。郦道元在《水
经注》中引述他人的著述就近五百种。
这些都是同一时期地理学家的著作。郦
道元能取得如此高的造诣，有一部分原
因是这个时代造就了他的地理学思想和
实践经验，成为他地理创作的温床。

# 二、郦道元的生平

## （一）郦氏家世

郦道元所在的郦氏家族，是西汉大将军郦商的后代，世居华北。在北方游牧民族大量南迁的时候，郦氏家族没有迁往他乡，而是继续留居华北，并且服务于少数民族政权机构。在魏晋相争之际，郦道元的曾祖父郦绍正担任鲜卑慕容氏后燕国的濮阳郡 (位于今河南省濮

阳县西南）太守。后燕国亡以后，郦绍率郡投降了北魏。北魏重视汉族知识分子、官僚士大夫，吸收其参与到北魏的各级行政机构中去，投降北魏的大批汉族士大夫都被授予了一定的官职。由于郦绍原在的濮阳郡属于兖州（今山东省郓城县西北）管辖，因而他被就近任命为兖州监军。北魏沿袭了汉晋以来以州统郡，以郡统县的三级地方统治机构。州是地方行政机构中最高的一级。监军的职权是稽核本州官军的功过，以呈请王朝给以赏罚。虽然不掌军政实权，但是职位却是不低的。

随着北魏疆域的逐渐扩展，郦道元的祖父郦嵩也被派到了秦州治下的天水郡（今甘肃省天水市西北）任太守。太守是一郡的最高行政长官，对当地有实际的统治权力。

此时，郦氏家族虽已在北魏王朝任职，但都为地方官职，真正走入北魏中央集权的是郦道元的父亲郦范。

郦范，字世则，北魏世祖太武皇帝拓跋焘时任给事东宫。这是一个侍候太子和教育太子的官职，这样的职位交给汉族的知识分子，表明了北魏统治者"变夷为夏"的既定政策，也说明郦氏家族受到北魏王朝的高度信任。高宗景穆帝即位后，"追录先朝旧勋，赐爵永宁男"。文成帝时，他以治礼郎的身份奉迎太武帝和景穆帝的神主（即牌位），将其供于

太庙之中。只有德高望重的贵族和功臣才有资格参与奉迎皇室祖宗的神位这样重大的礼仪活动。这对郦范来说极为荣耀。郦范被晋升为子爵。郦氏家族终于跻身于北魏王朝的上层集团。

文成帝在位十四年后去世，长子献文帝拓跋弘继位。此时，北魏政权日趋稳固，版图日益扩展，并与南朝的刘宋王朝接壤。双方在边境上不断交战。467年，北魏命征南大将军慕容白曜领兵大举进攻刘宋的青州和冀州，郦范被任命为征南大将军府的左司马。左司马是军府中的高级僚属，其职权是参与制订军事行动计划和总理军府事务。魏军进攻刘宋的无盐城（今山东省东平县东）时，刘彧戍主申纂顽强地凭城固守。北魏部将认为准备不充分，不能冒进。郦范则认为，我军轻军远袭，深入敌境，不宜久滞，机会稍纵即逝，他向慕容白曜建议，先引军伪退，摆出不打算攻城的态势，然后再伺机而动。慕容白曜采纳了郦范的建议。不出所料，城中守军果然懈怠。魏军拂晓时分兵临城下，发起进攻，占领无盐，擒杀宋守将、东平太守申纂。破城后，慕容白曜欲将无盐人全部作为战俘押回国都平城，郦范又及时劝止。他指出，青州和冀州地域广大，刚攻下一个城邑就要把城里的人都作为战俘押走，恐怕其他城邑的人听说后会激烈地抵抗魏军。现在不如将他们统统释放，以表北魏王朝的宽怀绥靖，这样，可以减少以后攻城的阻力。慕容白曜听

取劝告，在进攻肥城（今山东省肥城县附近）时，向城内射了几封告喻飞书，肥城守军果然弃城而逃，取得不战而屈人之兵的结果，并且获粟三十万斛以资军需。在进攻冀州治所历城（今山东省济南市附近）和青州治所东阳城（今山东省益都县东）时，慕容白曜又采纳了郦范围而不打的建议，先扫清外围，然后切断两城与外界的一切联系，等待其自毙。两城宋军疲惫不堪，但又不得不时时处

于戒备状态，以至甲胄里生了虮虱。此时，魏军才直逼城下，而腐败的刘宋政权竟然不发一个援兵，历城、东阳城终于均被魏军攻破。北魏夺得了刘宋原有的冀、青两州之地。

为了表彰郦范在冀青之役中的谋划献策之功，擢郦范任青州刺史，此为青州的最高行政长官。不久被召入京，任尚书右丞，加号冠军将军，并晋封为侯爵。尚书省是北魏中央执行政务的总机构，右丞为尚书省的主要官佐，在当时是十分显要的官职。

476 年，郦范再次出任青州刺史，拜为平东将军，晋封假范阳公，这是外姓功臣所能获得的最高爵位——公爵。郦范在青州任职十余年，其间镇将元伊利向朝廷诬告郦范"交通外贼"。此罪名意为私通南朝，阴谋叛敌，罪至灭族。幸而，当时在位的孝文帝是北魏历史上有名的明君，他给郦范下诏，说明元伊

利诬陷他之事，并表明已查清是非，元伊利也受到应有的惩罚，望其不必忧虑。虽然如此，事隔不久郦范还是被召还了京师。回京后，郦范由于横遭诬陷，心情抑郁，不到一年就病逝了，终年62岁。

郦范在北魏王朝为官长达五十年，经历了五位君主，从一个没有爵位的给事东宫，成为北魏王朝的重臣之一。他平步青云的为官道路，反映了汉族知识分子在北魏朝廷中的重要地位。实际上这也是民族融合的真实体现。

郦氏就是这样一个在北魏王朝激烈的内外政治斗争中逐渐兴起的汉族士大夫家族。这样一个家族，既为郦道元在政治上的发展铺平了道路，又为他研究学问提供了良好的客观条件和环境。

## （二）故乡与童年

郦道元（？—527年），字善长，范

阳涿州人。关于郦道元的生年，大批学者发表过不同的意见。如清杨守敬在其著作《水经注疏》中论及郦道元生年时认为是太和九年（485 年）；丁山的《郦学考序目》认为是皇兴元年（467 年）；赵贞信《郦道元生卒年考》认为是和平六年（465 年）或延兴二年（472 年）；段熙仲认为是皇兴三年（469 年）；陈桥驿则与赵贞信的观点相同，认为是延兴二年（472 年）等等。这些学者对郦道元生

年的推算大抵依据有三："余总角之年，侍节东州"（《水经注·巨洋水注》）；"余生长东齐，极游其下"（《水经注·淄水注》）；"魏太和中，此水复竭，辍流积年。先公除州，即任未期，是水复通"（同上）。但现在还没有一个统一的定论。

郦道元家乡被称为郦亭，是一个自然风景十分优美的地方。郦道元在《水经·巨马水注》中特别写了一段文字描述他的家乡："巨马水又东，郦亭沟水注

之，水上承督亢沟水于遒县东，东南流，历紫渊东。余六世祖乐浪府君，自涿之先贤乡爰宅其阴。西带巨川，东翼兹水，枝流津通，缠络墟圃，匪直田园之赡可怀，信为游神之胜处也。"

家乡优美的自然风景，陶冶了幼年的郦道元，他日后所表现的那种热爱自然、热爱祖国河山的丰富感情，和上述《巨马水注》中所表达的热爱自己家乡的感情，是完全一致的。

"自古燕赵出慷慨悲歌之士"所指正是郦道元的故乡一带。郦亭东不远的楼桑里便是三国时期蜀国开国君主刘备的故里；黄金台是距郦亭不远的又一处古迹，它记载着战国时燕国昭王礼贤下士的事迹；郦亭附近的易水岸边是当年荆轲辞别燕太子丹的地点。刘备、燕昭王和荆轲等英雄形象同这片灵秀的水土一样孕育着郦道元刚强坚毅的性格，为他后来能够在事业上胸怀壮志、执著地

追求真理，在政治上廉洁奉公、嫉恶如仇打下了良好的思想基础。

476年，郦范第二次出任青州刺史。此时两国战争渐渐平息，郦道元随父移居青州，在此地生活了十多年。这一时期和平的政治环境，安定富裕的家庭生活为郦道元提供了一个读书学习的良好条件，研读经史和探访古迹成了郦道元的两大嗜好。

郦道元从少年时代起，就对地理考察、探访古迹有浓厚的兴趣。他们居住的青州地处山东半岛的中部，这里背山面海，山清水秀，景色宜人。优美的环境陶冶了郦道元的性情，吸引着他去探寻大自然的妙景。齐鲁地区是我国古代文化的发祥地之一，集聚了太多的名胜古迹。郦道元走访了春秋五霸之一齐桓公冢；缅怀过稷下之学的文化之都；瞻仰了孔子的墓茔；游览了"飞瀑流泉"的名胜等等，这些文化遗迹所代表的精神文明让出身于汉族士大夫家庭，从小深受封建文化熏陶的郦道元产生了共鸣，他将其写进了地理名著《水经注》当中。郦道元每到一处，除参观名胜古迹外，还用心勘察水流地势，了解沿岸地理、地貌、土壤、气候，人民的生产生活，地域的变迁等，这使他逐渐积累了丰富的地理学知识，为他以后的创作打下了坚实的基础。

## （三）出仕与北巡

　　由于构陷事件，郦范一家应召回京。次年，郦范去世，其长子郦道元继承爵位，被封为永宁伯。太和十八年（494 年），郦道元初入仕途，随帝北巡，时任尚书郎。《水经·河水注》中记载："余以太和十八年，从高祖北巡，届于阴山之讲武台，……余以太和中为尚书郎，从高祖北巡，亲

所径涉。"

由于记载郦道元生平的史料少之又少，我们仅能从其著作《水经注》进行推断。尚书郎是一种职位低微的小官，在《魏书·官氏志》中还排不上位置，因此我们推断他此时初入官场，于平城出仕。

此时正是北魏最强盛之时，孝文帝励精图治，大刀阔斧进行改革，国势蒸蒸日上。而南朝则处于篡夺频仍，国势日下的时候，拓跋宏积极准备南征以一统江山，在挥师南下之前，为了巩固北方的防务，因而于太和十八年亲自出巡六镇，直到阴山一带。

六镇是北魏时期为防备北方地区以柔然为主的游牧民族对边境州郡的袭扰而设立的军事建制。北魏世祖太武帝拓跋焘打败柔然之后，在漠南地区安置了许多投降的民众。由于北方地区经常受到柔然等族侵扰，所以，在"东至濡源，西及五原阴山"的数千里边境线上兴建

了军镇和戍堡。这六镇从西至东分别为沃野镇（今内蒙古乌拉特前旗）、怀朔镇（今内蒙古固阳西南）、武川镇（今内蒙古武川西南）、抚冥镇（今内蒙古四子王旗东南）、柔玄镇（今内蒙古兴和西北）及怀荒镇（今河北张北县）。有相当一部分主力军队，集中在这六个军事重镇中。军镇的职官以军职为主，大体每镇设有大将，级别与刺史相当，其下设有副将、监军、司马等。各镇的镇都大将，多为拓跋宗王、鲜卑八族王公、拓跋氏族成员或中原强宗子弟。普通戍守士兵，亦有发配边疆的罪犯。

鉴于六镇重要的军事地位，孝文帝于太和十八年北巡六镇，郦道元以尚书郎的身份随侍左右，这使郦道元有机会亲自考察北部边疆的地理状况和风土人情，对其有了更进一步的认识。如《水经》中有这样一段记载："又东过云中桢陵县南，又东过沙南县北，从县东屈南，过沙陵县西。"经过实地考察，郦道元发现这段记载有误。实际应是："河水南入桢陵县西北，缘胡山，历沙南县东北，两山二县之间而出。"郦道元不仅纠正了《水经》中的错误，且说明了来源出处，历史考据，较之更为具体详细。

北巡结束后，孝文帝积极进行迁都事宜。北魏国都平城地处边塞，距中原较远，且中间有崇山峻岭相阻隔，交通极不便利，而且"六月雨雪，风沙常起"。

孝文帝拓跋宏决心改革，锐意汉化，认为平城"乃用武之地，非可文治"，必须迁都到中原汉文化集中地洛阳。但他深知，此事不可操之过急，否则"北人习常恋故，必将惊扰"。果然，南迁计划受到了多数贵族的强烈反对。尚书于粟的话其实是代表了整个既得利益集团的，他说："臣非为代地（按指平城）为胜伊洛（按指洛阳）之美也。但自先帝以来，久居此地，百姓安之，一旦南迁，众情

不乐。"但拓跋宏的态度却十分坚决,说:"吾方经营天下,有志混一,卿等儒生,不知大计。"为了达成目的,孝文帝精心制定这样一个策略,假南征之名,行迁都之实。一直以来,北魏南征刘宋屡遭挫折,导致北魏君臣闻南征色变。但是孝文帝拓跋宏知道,南征开拓疆土,名正言顺,臣民不敢公然反抗;若要迁都促进汉化,那些根基甚深的既得利益集团以及倒退势力必将颇多阻碍,力争到底。可是他们畏南征更甚于畏迁都,因此,孝文帝以南征为饵,实则以迁都为目的。果然,孝文帝提出南征南齐时,"群臣莫敢言",唯任城王拓跋澄力执异议。事后,孝文帝召澄入宫,推心置腹,坦陈初衷,得到澄的支持。太和十七年(493年)七月,孝文帝率群臣及步骑三十万从平城出发南征,九月到达洛阳。当时"霖雨不止",继续南征,北人不适气候,必取败亡,但孝文帝仍着戎装,乘马出城,于是群

臣恐慌，大臣纷纷进言："今者之举，天下所不愿！"孝文帝佯怒表示："敢谏者斩！"等到定安王拓跋休等泣谏，孝文帝才道出真正目的："如不南征，当迁都于此，王公以为何如？"于是群臣皆呼万岁，赞同后者，迁都之计始定。

迁都洛阳也开阔了郦道元的眼界，使其对中原地区能够亲自考察，掌握更多各地地理情况的原始资料。

北巡结束两个月后，494 年 10 月，北魏国都正式从平城迁到了洛阳。

洛阳地处中原地区的中部，景色秀丽，历史悠久，是我国著名的文化古城。迁都后，为了巩固对于新的政治中心地区的统治，孝文帝一方面命大臣李冲、穆亮和董爵等人重新规划和扩建新都洛阳；另一方面，又在迁都三年以后，对黄河中游地区作了一次广泛地巡视，以期加强洛阳与旧部平城的联系和规划洛阳及其周围地区的水利设施。这次巡视，郦道元也有幸参与。

此次巡视，郦道元考察了吕梁山区和离石城西的一段黄河，勘察了平阳城附近的汾水和绛水流域及沿岸地形，游历了黄河的龙门渡口、茅津渡口、三门峡谷等等。他把这些统统写进了《水经注》中。

之后，郦道元的职务频繁变动，他的仕途虽不如其父那样坦荡，但凭着自己的能力也有多次升迁。从太尉开始，他历任治书侍御史、冀州镇东府长史、

颍川以及鲁阳等郡守、东荆州刺史、河南尹、黄门侍郎、侍中兼摄行台尚书、御史中尉等职。后几项官职如河南尹、御史中尉等都是三品官，已经属于高级官吏了。他在山西、河南、河北等地做官时，经常乘工作之便和公余之暇，留意进行实地的地理考察和调查。黄河南岸、华北平原、阴山脚下、大青山脊、太行山区、秦岭谷地……到处都有他的足迹。凡是他走到的地方，他都尽力搜集当地有关的地理著作和地图，并根据

图籍提供的情况，考察各地河流干道和
支流的分布，以及河流流经地区的地理
风貌。他或跋涉郊野，寻访古迹，追溯
河流的源头;或走访乡老，采集民间歌谣、
谚语、方言和传说，然后把自己的见闻，
详细地记录下来。日积月累，他掌握了
大量有关各地地理情况的原始资料。

## （四）撰写《水经注》

郦道元一生既爱游历，又爱读书，
并以此闻名于世。在日常生活中，书籍
是他不可分离的伴侣。在青州的时候，
在父亲的悉心指导下，郦道元阅读了大
量儒家的典籍。回到平城，步入仕途后，
郦道元常利用政务之余，阅读大量的书
籍。其中精读过的有数百种，泛读过的
更是不计其数。郦道元研读的书籍中地
理方面的占有较大比重。西周、春秋时
期已涉及地貌物候记载的《诗经》《周礼》

《老子》；秦汉时期的地理著作如《山海经》《尚书·禹贡篇》《汉书·地理志》以及之后的《水经》，无一不涉猎，无一不精细研读。

郦道元读书非常严肃、认真，对书中的记载力求弄懂、弄通，对各书中记述同一地方而有出入的问题，更是着意探究其原因。每读一本书都要作夹注和札记，这个良好的习惯为他后来写《水经注》提供了可贵的素材，我们也从中了解到不少失传的古籍及其内容片断。大量的读书，使他具有渊博的学识，成为当时有名的学者，为他后来的著述打下了坚实的基础。

郦道元生长于北魏强盛时期，孝文帝决心改革，锐意汉化，迁都洛阳，挥军南下。如此盛世明君时代，父辈的教育，加上目击当时举朝振奋，励精图治的蓬勃气象，孝文帝统一天下的抱负深深地影响着郦道元。正当郦道元期待着祖国

统一时刻到来之际，孝文帝中道崩殂，
国势一蹶不振，他眼看祖国统一遥遥无
期，锦绣山河支离破碎。再加上对他"酷
吏"构陷及二次免职等事件，使得郦道
元摆脱人事纠纷，潜心著作以寄托他热
爱祖国，渴望统一大业的胸怀。

　　经过晋末十六国的大动乱和各民
族的大迁徙以后，各地行政区划几经变
换，城邑交替，地理概念和名称发生了
很大的变化，新旧地名混淆难辨。另外，
千百年的沧桑巨变，江河、湖泊、植被、

地貌也已大为改观，巨川变细流，农田变草原……

思及前人的地理名著，郦道元认为都有一定的缺陷。他在《水经注序》中指出：昔《大禹记》著山海，周而不备；《地理志》其所录，简而不周；《尚书》《本纪》与《职方》俱略；都赋所述，裁不宣意；《水经》虽粗缀津绪，又阙旁通。所谓各言其志，而罕能备其宣导都矣。

现有的地理文献很难适应新时期的需要，而新的地理著作却尚未诞生。因此，郦道元萌生了写一部全面、周详地反映全国地理状况的书籍的想法。

"因水以证地，即地以存右"，郦道元选择了为《水经》作注。

《水经》是我国古代记载河流的专著，其作者历来说法不一，一说晋郭璞撰，一说东汉桑钦撰，又说郭璞曾注桑钦撰的《水经》。其成书年代，诸家说法不一，全祖望认为是东汉初，戴震认为是三国时作品，今人钟凤年又认为是新莽时所作，诸说尚难确认，不过大体应为汉魏之作。《水经》分为三卷，记载了一百三十七条河流，仅一万来字。虽然粗缀律绪，又阙旁通，在写作方面却有其特点：河流水文较山脉、地质变化明显，界限分明；以水流为纲，以行进的方式记述流域内的郡县，条理清晰。

郦道元以《水经》所注水道为纲，着眼于《禹贡》所描写的历史上曾经出现过的版图广大的统一祖国，以属于全国的自然因素河流水系为基础，打破当时人为的政治疆界的限制，这充分体现了他希望祖国统一的想法。

郦道元所载水体包括湖、淀、陂、泽、泉、渠、池、故渎等。今人赵永复查算达二千五百九十六条，这一数字不仅远远超过了《水经》原书及其他前代的地理著作，而且也是后世学者所难以企及的。注文达三十万字。涉及的地域

范围，除了基本上以西汉王朝的疆域作为其撰写对象外，还涉及当时不少域外地区，包括今印度、中南半岛和朝鲜半岛若干地区，覆盖面积实属空前。其中很多地方他都从未踏足。所记述的时间幅度上起先秦，下至南北朝当代，上下约两千多年。它所包容的地理内容十分广泛，包括自然地理、人文地理、山川胜景、历史沿革、风俗习惯、人物掌故、神话故事等等，真可谓是我国六世纪的一部地理百科全书。难能可贵的是这么丰富多彩的内容并非单纯地罗列现象，而是系统地进行综合性的记述。侯仁之教授概括得最为贴切："他赋予地理描写以时间的深度，又给予许多历史事件以具体的空间的真实感。"

## （五）阴盘驿遇难

北魏后期，动乱频发，国势衰退。

郦道元表现出了他在政治、军事上的卓越才干。

在试守鲁阳郡时，当地因"蛮人"居多，不立大学，他到任后，"表立黉序，崇劝学教"。诏曰："鲁阳本以蛮人，不立大学。今可听之，以成良守文翁之化。"道元在郡，山蛮伏其威名，不敢为寇。

孝明帝时期，郦道元出任河南尹前后，六镇地区爆发了大规模的农民起义，震撼了北魏在北方的统治。这时孝明帝下诏任命郦道元为黄门侍郎，与都督（主管一方军事的将领）李崇一起前往六镇地区去储兵积粮，裁郡并县，并将六镇改为州。

孝明帝孝昌初年（525年），北魏东南边境形势吃紧，梁派将领攻扬州，北魏徐州刺史元法僧又起兵反叛，他盘踞徐州的治所彭城（今江苏省徐州市附近），自称宋王，并遣其子元景仲与梁武帝联络。南北皆动乱，北魏朝廷一片惊骇。

孝明帝任命刚从六镇返回洛阳的老臣郦道元为节度南路诸军的统帅，兼侍中、摄行台尚书，去征讨元法僧。郦道元率军在涡阳（今安徽省蒙城县附近）击溃了梁军，并乘胜追击，多有斩获，进而直逼彭城，镇压了这次叛乱。

不久，郦道元被提升为御史中尉。此时的北魏已十分的腐败。为重振朝纲，郦道元以"威猛为政"，虽然能够使当地人"伏其威名，不敢为寇""权豪始颇惮之"，但招致朝中权贵记恨。司州牧、汝

南王元悦是孝文帝之子，孝明帝的叔叔，狂妄不羁，欺男霸女，朝中百官无不忌惮三分。他有一宠嬖之人丘念依仗其权势胡作非为。百姓们视元悦如虎，视丘念为狼。郦道元查知丘念把持州官的选任，将其逮捕入狱。元悦闻讯后，哀求灵太后下令赦免丘念。郦道元赶在赦令到之前，将丘念问斩。随后，向灵太后上书，告发元悦纵容、包庇丘念的罪行。灵太后对此气恼至极，却只能对郦道元的上书置之不理，元悦更是恨之入骨。

正好此时，从长安传来了肖宝夤将要谋反的消息。肖宝夤本是南齐王朝的宗室。南梁取代南齐时，他的兄弟都被梁武帝杀死，他只好连夜出逃，辗转流徙来到北魏。北魏王朝为了招降纳叛，立即给予他高官厚禄，并将南阳长公主嫁与他。之后他时时请兵南伐，屡有战功，官至相位。肖宝夤叛乱的迹象日趋明显。为了安定长安地区，孝明帝与众臣商议，

决定派一名得力的大臣前往长安巡视安抚，打探虚实。元悦与另一"素忌"郦道元的侍中、城阳王元徽就鼓动朝廷派遣郦道元为关右大使，企图借刀杀人。果然萧宝夤以为郦道元去关中是为追查他的问题，更加疑虑、畏惧了，其僚佐柳楷劝诱肖宝夤趁机反叛北魏，肖宝夤听从了柳楷的谗言，派遣部将郭子恢到阴盘驿(今陕西省临潼县东南)设下了埋伏。郦道元一行日夜兼程，进入雍州地界。路遇一高冈，其上建有一所驿亭，不料从冈后杀出郭子恢的人马，将郦道元等围困于阴盘驿亭。亭上没有水源，平日驿亭用水都是到岗下的井中汲取，然后担上山冈供人食用。既被围，郦道元只好下令挖井取水，掘地十来丈亦不得水，饥渴难耐，疲乏至极之际，郭子恢率军逾墙而入，郦道元面对敌人，"瞋目叱贼，厉声而死"，仍表现出刚直勇猛的气概。他的弟弟道阙及二子俱被杀害。肖宝夤遣其部下将郦道元等遗体运回长安，殡于长安城东。事后，朝廷追封郦道元为吏部尚书、冀州刺史、安定县男。

长空孤雁鸣，秦山鸟悲歌，在流星闪过之时，一代英豪就此陨落。

郦道元一生好学，历览奇书，撰注《水经》四十卷，《本志》十三篇，又为《七聘》及诸文皆行于世。除《水经注》外，其余皆散佚。

三、《水经注》——兼容
众多学科的巨著

　　《水经注》是一部不朽的地理名著，它对后世具有重大贡献。首先，它是我国地理学史上无出其右的河流水文地理名著。无论是已失传的唐李吉甫的《元和郡县图志》、金蔡珪的《补正水经》，还是尚存的清黄宗羲的《今水经》《水道提纲》都无法与《水经注》相比。其次，它是区域地理的代表作。《水经注》以西汉王朝的版图为基础，兼及域外，对如此广大的地域内的河流及流域进行综合性描述，前所未有。再次，《水经注》广泛涉及地名学、文学等学科，文字生动，内容多变，包罗万象，牵涉广泛，具有如此高度学术价值的专著，同时饱含了作者热爱祖国，期盼祖国统一的丰富感情，具有极强的感染力。

## （一）自然地理

《水经注》以水道为纲，研究的主要对象是河流水文。因此它的主要贡献

在地理学方面。我们从地理学的两大分支学自然地理和人文地理两方面进行评述。

在自然地理上的贡献，首先在河流水文方面。《水经注》中不仅记载了有水河道，而且还记载了无水旧河道二十四条，这些记载为今天寻找地下水源提供了线索。

《水经注》从河流的发源到入海，举凡干流、支流、河谷宽度、河床深度、水量和水位季节变化、含沙量、冰期以及沿河所经的伏流、瀑布、急流、滩濑、湖泊等等都广泛搜罗，详细记载。这些记载，都能紧紧地扣住这些河流的自然地理特点。绝不是千篇一律，即使是名不见经传的小河流，亦追根溯源。

关于河流发源的记载，如卷九中的清水（今卫河）、沁水（今沁河）、淇水（今淇河）三条河流都是发源于太行山南麓或西麓的小河。郦道元为其作注，清楚

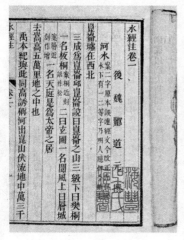

表明：清水以太行山南麓的一些陂池和泉水为水源、沁水源头为太行山西麓宽广的冲积扇、淇水水源为瀑布急流。从中足可见，郦道元研究得细致认真。

《水经注》中对峡谷和滩濑的描述，资料亦十分翔实。峡谷对研究河川自然地理有重要的作用。全书记载峡谷近三百处，如黄河的孟门、龙门、三门诸峡，洛水的伊阙，长江的三峡，珠江的高要峡，湘江的空泠峡等等，对今人的研究有重要的参考价值。滩濑对研究河床变化有着重要意义，全书对滩濑的记载不计其数，给后世研究留下了宝贵的资料。

瀑布不仅是河床岩石构造和岩性变化的重要依据，同时也是河流溯源侵蚀的显著标志。在大部分情况下，河流总是透过侵蚀和淤积过程来平整流动途中的不平坦之处。经过一段时间以后，河流那长长的纵断面（坡度曲线）形成一平滑的弧线；河源处最陡，河口处最和缓。瀑布中断了这条弧线，它们的存在是对侵蚀过程进展的一个测定。侵蚀作用的速度取决于特定瀑布的高度、流量、有关岩石的类型与构造以及其他一些因素。

因此，对比对古今瀑布的描述，就能够算出侵蚀速度等要素。《水经注》全书共记载瀑布六十多处，为后世的研究提供了相当重要的资料。

《水经注》对北方河流的冰冻期亦有记载。如卷一《河水》经"出其东北陬"注中记载黄河"寒则冰厚数丈"，这就是冰层的厚度。除此之外，书中还有对冰冻时段、采冰时期、积蓄量的记载。

《水经注》记载了各种自然灾害，有水灾、旱灾、风灾、蝗灾、地震等，记

载的水灾共三十多次，地震有近二十次。描述了历史上和当时的洪水暴发的情况，这些记载包括洪水暴发时间、洪水大小等情况，相当具体、翔实。这些历史水文资料大多为郦道元实地考察搜集而来，有的得之于古书记载，有的则得之于许多河流上的石人或测水石铭的记录，非常珍贵，对于我们今天研究洪水的发展变化规律，防汛救灾具有重要参考价值。

这本专著记述的水体之全，当世罕有。除河流外，书中还记载了湖泊、沼泽、泉水、井等等。

《水经注》中湖泊、沼泽的记述达五百余处，对各种类型湖泊的记载也颇为详细。非排水湖，如蒲昌海（今罗布泊）、卑禾羌海（今青海湖）等；排水湖，如彭蠡泽（今鄱阳湖）、洞庭湖、叶榆泽（今云南洱海）等；人工湖，如芍陂、长湖等；以及沿海的潟湖，如"温水"的卢容浦、朱吾浦、四会浦、寿冷浦、温公浦等。

郦道元还注意了湖泊与河流之间密切的水文关系，他多次指出：湖泊可以调节河流水量，洪水时，河流将洪水排入湖泊；旱季，湖泊又将洪水补给河流。这对于我们今天抗旱防涝、兴修水利很有启发。

全书记载有温泉三十一个，对各个温泉的特点、水温、矿物质、生物等情况进行了比较详细地叙述。其中可以治病的温泉有十二个，经常有许多人到那里治病。对各地温泉水温的记载尤为具体、详细，按照温度不同，从低温到高温分五个等级，依次为"暖""热""炎热特甚""炎热倍甚"和"炎热奇毒"。"炎热特甚"的温泉可以将鸡、猪等动物的毛去掉；"炎热倍甚"能将人的足部烫烂；"炎热奇毒"泉水可以将稻米煮熟。这些记载为研究我国地热变迁史提供了宝贵资料。对于温泉中的矿物质和生物，郦道元也分别予以具体叙述，如有的温泉有硫磺气，有的有盐气，有的有鱼等。

　　除了对各种水体的记载外，这本书也涉及了不少自然地理学其他方面的内容。所记各种地貌，高地有山、岳、峰、岭、坂、冈、丘、阜、崮、障、峰、矶、原等，低地有川、野、沃野、平川、平原、原隰等，仅山岳、丘阜地名就有近两千处，喀斯特地貌方面所记洞穴达七十余处。植物地理方面记载的植物品种多达一百四十余种，书中还对各地植物生长的地区性分布进行了记载，描述了我国东部湿润地区的沼泽植被、水生植被的

情况和西北干燥地区的草原、荒原植被情况。动物地理方面记载的动物种类超过一百种，对各地的特种动物进行了详细记载，如伊水的鲵鱼，若水的象、犀、钩蛇，叶榆河的猩猩、髯蛇，吊乌山的候鸟，河水的猴猿、野牛、野羊，长江的鳄鱼，交道县的犰狳，霍塘峡的猿等，这些记载具有很珍贵的价值。

## （二）人文地理

《水经注》包罗万象，在人文地理学方面，它几乎涉及了全部的分支学科，如经济地理学、城市地理学、社会文化地理学等等。其中经济地理学又扩展包括农业地理学、工业地理学、交通运输地理学等领域。

《水经注》对农业地理情况进行了全面记载，包括种植、畜牧、林业、渔业、打猎等许多方面。书中记载了大量农田水利建设工程的资料，对各地的陂、塘、堤、堰的兴废情况以及运河渠道的开凿情况等作了仔细描述。其中较著名的水利工程就有二十八项，如都江堰、白渠、龙首渠、郑国渠、灵渠、六门碣等。这部专著对这些著名水利工程的兴建原因、经过、规模大小及后代兴废情况的记载比前人要详细、丰富得多，内容完整详尽，反映了我国古代劳动人民在农田水利建设方面所取得的巨大成就，为研究古代水利提供了方便。书中对全国具有系统灌溉工程的几个大型农业区的生产情况作了重点描述，对于了解我国古代农业生产技术很有帮助。书中对边疆地区的农业也进行了记载，如轮台以东广饶水草的绿洲农业，西南地区温水流域的原始农业等，我们可以从中了解不同地区的农业生产特点。书中对资源开发和利用的描述也很有特色，对于今天的资源保护和利用具有一定的借鉴意

义。例如关于湖泊的开发利用,《水经注》就进行了详细论述,指出其应该包括湖泊的灌溉效益以及湖泊的资源开发,这要从多方面着手,既要注意矿产资源的开发利用,也要顾及动、植物资源的开发利用和湖泊旅游资源的开发利用。

郦道元生活的时期,工业还处于非常落后的手工业阶段。尽管如此,《水经注》记载的工业地理资料亦相当完备。涉及了采矿、冶金、造纸、食品、纺织等方面。在采矿、冶金方面，书中记载的能源矿物包括煤炭、石油、天然气；金属矿物包括金、银、铜、铁、锡、汞；非金属矿物包括雄黄、硫磺、盐、石墨、云母、玉、石材等等，并介绍了一些地区的金、银、铜、铁、锡等金属的冶炼场所和冶炼设备。其中对屈茨地区（今新疆吐鲁番地区）的冶铁工业的记载更为详细、具体，既记载了冶铁所用的燃料、原料等，又记载了产品的销售地区等情况，是我国古代关于用煤炼铁的较早的明确记载。手工业中着重记载的是制盐业，包括海盐、池盐、井盐、岩盐等。介绍了各地大小盐场二十余处，把产区的地理位置、采掘方法、产品性状、供销范围等都作了详细的记载。在食品方面,《水经注》记载了三处名酒的酿造情况,为研究我国酿酒技术和酒文化提供了资料。

在交通运输地理方面,亦有大量的记载。占第一位的当然是水运,全书记载的河渠水道,绝大部分涉及航运。不仅包括了天然河流和航运,也记载了许多的运河,例如卷八记载的古代黄淮间的运河就相当有价值。其次也记载了各类陆路。包括了域外通道、南北通道、险要的栈道、山道以及大量的桥梁和津渡，其中仅桥梁就记有一百座左右，津渡也近一百处。

《水经注》在城市地理学方面的记载可谓丰富多彩。全书记载的县级城市和其他城邑共二千八百余座，古都一百八十余座，是研究历史城市地理的珍贵资料。除此之外，还记载了部分国外城市，如今印度河、恒河流域的古都波罗奈城、巴连弗邑、王舍新城、瞻婆国城等等，是后世研究中南半岛等地古代城市的罕有的文字资料。书中还记载了大量的镇、乡、亭、里、聚、村、墟、戍、坞、堡十类小于城邑的聚落体系，约有一千处，对研究古代聚落地理有珍贵的参考价值。

对于社会文化地理方面亦不曾遗漏。由于郦道元生活的时代曾进行过地理上人口大迁徙，《水经注》记载了很多反映人口迁徙的情况，以及很多少数民族的分布、语言、风俗、汉化等情况，如匈奴、

犬戎、羯、于越、骆越、五溪蛮、三苗、马流、雕题、文狼等族，不胜枚举。

## （三）地名学

地名学是研究地名的由来、语词构成、含义、演变、分布规律、读写标准化和功能，以及地名与自然和社会环境之间关系的学科。地名研究源远流长，中国古籍中不仅记载了大量地名，而且对许多地名的读音、含义、位置、沿革以及命名规律都有阐述。

早在西汉就提出了现在广为熟知的地方命名原则：“水北为阳，水南为阴；山南为阳，山北为阴。”如淮阴，衡阳等。之后又提出了“因事命名”等命名原则。到了南北朝时期，随着人口的增加及迁徙，城邑的没落与新增，大量的地名涌现，因此，此时的地理著作对地名的收集及注释都是空前罕见的。之前的地理著作涉及的地名数量最多的是《汉书·地理志》，有四千五百多处，而《水经注》一书的地名数量多达二万余处；对地名的渊源解释，之前的地理名著不过百余处，而《水经注》达到了一千多处的惊人数量。《水经注》在地名学上的贡献可谓集六朝地志之大成，前所未有。

《水经注》的地名渊源涉及自然地理的因山为名、因水为名等十项种类，也包含了人文地理部门的人物地名、史迹地名等十四项类别，不仅引录了前人的规律性认识，而且还进一步归纳了一系列关于地名命名、更名的精辟见解，有些论述已上升到地名学理论的高度。

因山为名。东汉应劭最早提出了"因山以名县"的原则，南朝宋盛弘之最早将这一原则简洁地归纳为"因山为名"这四个字。在《水经注》的地名释义中，有六十九处是以因山为名为原则。如《江水注二》："其间首尾百六十里，谓之巫峡，盖因山为名也。"《淄水注》中还指出了一串因山为名的地名："余按泰、无、莱、柞，并山名也，郡县取目焉。"

因水为名。东汉刘熙《释名》最早提出"借水以取名"的说法。郦道元在其《水经注》中总结为借水取名、因水以制名的地方命名原则。《水经注》中共有七十处地名源于因水为名。如《水注》："余按卢奴城内西北隅有水，渊而不流，南北百步，东西百余步，水色正黑，俗名曰黑水池。或云水黑曰卢，不流曰奴，故此城借水以取名矣。"《耒水注》："耒阳，

旧县也，盖因水以制名。"

人物地名。顾名思义，以人物名来命名地方。在《水经注》中占的比重不小，共有一百三十一处。如《湘水注》："汨水又西为屈潭，即汨罗渊也。屈原怀沙自沉于此，故渊潭以屈为名。"又如《渭水注一》："（渭水）屈而东迳伯阳城南，谓之伯阳川。著盖李耳西入。往迳所由，故山原畎谷，往往播其名焉。"

史迹地名。以历史名人事迹来命名地方。《水经注》中涉及九十七处。如《沔水注》："沔水又东经乐山北，昔诸葛亮好为《梁甫吟》，每所登游，故俗以乐山为名。"又如《浙江水》中对"秦望山"的注云："秦始皇登之，以望南海。"

郦道元还在多处纠正了前人的错误。如"合肥"一词的由来，《汉书·地理志》注："夏水出城父东南，至此与淮合，故曰合肥。"北魏初年阚骃注："出沛国城父东，至此合为肥。"郦道元通过考察，

汉城父县远在淮河以北，而合能东淮河之南甚远。他在《施水注》中释为："盖夏水暴涨，施合于肥，故曰合肥也。非谓'夏水'。"前一"夏水"为夏水暴发洪水；后一"夏水"则为河名。郦道元在全注中大约指出前人错误一百处以上，功莫大焉。

除了对地名的释义进行剖析，郦道元对"音""形"也有独特见解。读音方面，如《菏水注》："沣水又东合黄水，时人谓之狂水，盖狂、黄声相近，俗传失实也。"字形方面例如西汉水有条支流叫杨廉川水，以东汉初有个叫杨廣的人而得名。郦道元在《漾水注》中注："但廣、廉字相状，后人因以人名名之，故可讹为杨廉也"。《水经注》无论是对地名问题的探讨，地名语源和语义的诠释，还是地名命名或更名原则的归纳总结，都是其他地理著作难以望其项背的。

## （四）文学

《水经注》这部学术著作非常注重语言文字的运用，从文学角度来看，它描绘祖国山川壮丽秀美的景色，同时记述各地的名胜古迹、神话传说、风土人情，文笔深沉，脍炙人口，千余年来一直被人传颂。

《水经注》的文学价值，首先在于它对于游记文学的深远影响。郦道元历来被称为写景能手。举凡虫、鱼、鸟、兽、山石、清泉、瀑布、绿潭……描状无不穷形尽态，生机勃勃。他或者摄取一个

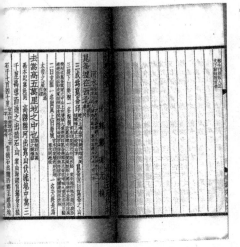

镜头以突出全景，或者点染来衬托全景，或者以前无古人的描绘展示出情景交融的画面。

中学课本中的《三峡》即节选自《水经注·江水二》。文章具体形象地描写了三峡的山高、水险、峡长的地理特点以及不同季节的各种壮观景色。郦道元写了三峡（主要是巫峡）两岸高峻的山势、夏天奔流的江水以及"春冬之时"和"晴初霜旦"的凄清幽寂，表现了不同季节、不同时间的景色特征。全文虽只一百五十余字，却以精练的语言把壮丽的山河呈现在大家眼前，使人赫然对三峡奇景产生向往之情。"朝辞白帝，暮到江陵"及"常有高猿长啸，属引凄异"等语，李白的《早发白帝城》诗就是从中演化而来。

《水经注》把晋宋地志所开创的科学内涵与艺术精神融为一体的"地志游记"发展到了一个新的阶段，融科学考察、史地辨证、山水描摹、风情笔录、古迹考察于一炉，成为新的游记文学的典范。其内容之丰富，容量之大，令人叹为观止。后世陆游的《入蜀记》、徐宏祖的《徐霞客游记》等等在内容写法上无不与《水经注》一脉相承。明张岱云："古来记山水于，太上郦道元，其次柳了厚，近时则袁中郎。"柳宗元的许多语言世术便得自《水经注》，如《小石潭记》中"潭中鱼可百许头，皆若空游无所依"的名句便取材于《淯水注》中"俯视游鱼，类若乘空"，其他如在意境、手法等方面

也多受其影响。《水经注》奠定了我国游记散文的基础，并给予南北朝以来历代山水游记以巨大影响。

《水经注》的文学价值，在于它继《山海经》之后写了不少的民间神话传说。在仅有八千四百字的《漯水篇》中，就有天池、马邑川、道武帝遇白狼之瑞、虎圈、火山、汤井、风穴、飞狐口、青牛渊、神泉水、班丘仲卖药、赵襄子杀代王、黄帝战蚩尤于涿鹿等十七个。其中收录的著名神话传说，还有《河水篇》的昆仑神异、菩萨降魔、赵简子怒沉栾缴、汉武帝掠取大宛马，《渭水篇》的忤留神

与鲁班语、智囊樗里子,《江水篇》的巫
山神女,《温水篇》的竹王等等。这些神
话传说,不仅丰富了《水经注》的内容,
而且描述生动优美,富于传奇色彩,表
现了古代人民对理想的追求,富于想象
和幻想,对文学的发展起了很大的作用。

《水经注》的文学价值,还在于它
涉及了不少情景逼真、富于趣味的风土
民俗。风土民俗,是研究我国文化史和
各民族史的重要资料,是文学具有民族
性的重要标志之一。如《漯水注》中关

于雁门、神泉二水合而有灵，久旱不雨，人多祷请的习俗；《渐江水注》关于人们至射的山石室，"常占射地，以为贵贱之准"的传说；《温水注》中关于当时海南岛少数民族"好徒跣，耳广垂以为饰，虽男女裹露，不以为羞"的记述等等。

《水经注》在文学上所取得的成就对后世来说是一种启发，学术著作并不一定要枯燥、刻板，也可以生动活泼，引人入胜。

## （五）其他学科

《水经注》除了在地理学、地名学、文学等方面的杰出贡献外，在其他学科，如语言学、历史学、考古学、金石学、文献学等方面一样提供了有用的资料，影响深远。

后人对《水经注》的语言艺术多有探究，我们从语言学角度来研究，以期为更好地了解这部不朽名著提供全新的视角。

《水经注》在语言学运用上的特点是新颖多变，给人以耳目一新的感觉。

郦道元自创新词，如描写峰峦高耸，创新词"峭秀""秀出""云秀""广秀"。如"北岭虽层陵云举，犹不若南峦峭秀。""其西则石壁千寻，东则磻溪万仞，方岭云回，奇峰霞举，孤标秀出，罩络群山之表，翠柏荫峰，清泉灌顶。""泽

南面层山，天岩云秀，池谷渊深。""今于上西门外，无他基观，惟西明门外，独有此台，巍然广秀，疑即平乐观也。"除此之外，还有："自津""潭涨""约障""取悉""飞清""佳饶""挂溜""绣薄""戕改""英谈""疏挺""取畅""披薄""经究""关究""营煮""邈别""博问""香冷""究悉"等。

为避免重复，郦道元在书中同素反序式复音词交互使用，如广崇—崇广、皆悉—悉皆、作制—制作、祷祀—祀祷、灌溉—溉灌等等；单音节形式与其同义或近义的双音节形式交互使用，如：覆—被—覆被、防—捍—防捍、罢—省—罢省、寻—求—寻求、疏—僻—疏僻、详—究—详究、咸—悉—咸悉、枕—带—枕带等等；使用由相同语义的语素内核构成意义相同或相近的双音节语词，如：由"秀"构成了一系列含"秀"的语词，"特秀""峭秀""秀出""高秀""秀广""崇秀""云秀""广秀""秀峙""层秀"等；由"举"构成的词语有"峭举""云举""峻举""霞举""崇举""举高"等；由"峙"构成的词语有"霞峙""竦峙""峭峙""杰峙""层峙"等；由"奋"构成的词语有"奋发""奋跃""奋越""奋勇"等；由"带"构成的词语有"缨带""滨带""枕带""衿带""翼带""匝带""萦带""缘带"等。

《水经注》中引用了不少歌谣、谚语、俚语、诗、赋等等，这些语言形式的存在，使得全书语言具有很强的艺术表现力和浓郁的生活气息。如旅人在迂深的长江水道中逆水行舟，历日隔宿，仍然

看得到高耸的黄牛峰。便引用民谣表述："朝发黄牛，暮发黄牛，三朝三暮，黄牛如故。"《沔水注》记述涝、净二滩："……夏水急盛，川多湍洑，行旅苦之。故谚曰：'东涝下净，断官使命。'"八字民谣，达到了知其险的目的。还有如"巴东三峡巫峡长，猿鸣三声泪沾裳。""三公出何去，往至高阳池，日暮倒载归，酩酊无所知。"等等，这些都起到了画龙点睛的作用。《水经注》所引诗、赋很多，诗共二十余首，赋三十八篇，这是当时其他著作所不可比拟的。

在历史学上，《水经注》拥有大量的历史资料，对史学研究很有价值。比如郡县的位置、名称、历史变革等等，有很多史书中记载不详，或者没有记载，而在水经注里可以找到准确完整的资料。如《汉书·地理志》《后汉书·郡国志》《晋书》等等。《晋书》比《水经注》晚得多，但在不少地方仍赖于郦注的修补。

如《江水》中提及的沌阳，《沫水》中提及的护龙，《澧水》中提及的溧阳，《赣水》中提及的豫宁四县，按《水经注》所记，都是建置有年代可考的晋代县名，但《晋书·地理志》均失载。

《水经注》记载了大量不同性质、不同时代、不同风格和不同建造技巧的古代建筑，为建筑史研究提供了重要的史料。如阿房宫、建章宫、未央宫等著名建筑，还有一些一般建筑如白台等。除此之外，对园林、寺庙、佛塔的记载亦有重要的价值。

《水经注》中引用了古代文献达四百八十余种。其中有很大一部分现已亡佚，如三国魏蒋济的《三州论》等，除《水经注》外，未见他书著录。这是《水经注》对后世文献学研究的重要贡献。

四、《水经注》中郦道元
　　的先进思想

## （一）大一统思想

《水经注》虽属学术专著，但其思想性也极强，字里行间饱含着作者的深厚感情，首先表现在大一统的爱国主义情怀。

大一统：大，重视、尊重；一统，指天下诸侯皆归于天子。后世称封建王朝统治全国为大一统。

中国的大一统思想由来已久。孔子心中的理想帝王就应握有一统天下的权威，所谓"礼征乐伐自天子出"。儒道墨法等各派思想中都潜藏着大一统的身影。老子主张以"一"为本，"道生一，一生二，二生三，三生万物"。大一统从此有了本体论。正式提出"大一统"的是《公羊传·隐公元年》："何言乎王正月？大一统也。"唐人颜师古说："一统者，万物之统皆归于一也……此言诸侯皆系统天子，不得自专也。"疏曰："王者受命，制正月以统天下，令万物无不一一皆奉之以为始，故言大一统也。"李斯更是明确提出："灭诸侯，成帝业，为天下一统。"《汉书·王吉传》中称："春秋所以大一统者，六合同风，九州共贯也。"大一统的原始意义正是消灭对手，由帝王一人统治天下。

郦氏家族书香门第，郦道元从小受正统的儒家教育，大一统的思想根深蒂固。然他出生时南北分裂已二百年，入仕时正值北魏强盛时期，孝文帝积极准备攻南。郦道元深深向往着大一统，把这种情怀寄托在孝文帝身上，期冀汉化了的北魏一统中华，然而孝文帝中道崩殂，随后北朝一蹶不振，南北统一的希望成为泡影。郦道元遂通过著书抒发自己的情怀。

郦道元身处南北分裂的时代，但心目中却只有一个统一的祖国。他以大一统的西汉王朝为《水经注》的记述版图，丝毫没有把北朝和南朝的分界线放在眼

里,更没有在《水经注》中提到哪一条河,哪一座山是南北两国的界限所在。他注意到了北魏与南朝之间通和、通商的途径,却很少谈及他们之间交战的地点。在《水经注》中,祖国辽阔的山河大地是不分东西与南北的。郦道元对祖国的一山一水都充满了炽热的爱,并以细腻、生动的笔触去描绘。即使是他从未踏足的南朝土地亦叙述得如此详细,景物如此逼真。

最能说明这一点的是,郦道元在《水经注》中没有北尊南卑的思想,他在文中多次用过南朝的年号,这使得后期的研究者们为之愕然。不提清朝的文字狱对那些使用前朝年号的文人的迫害,合族受戮,牵连无计,就是现在不同的派别亦有不同的政治立场。而郦道元,家族历代服官于北朝,自己亦为朝廷重臣,多次受命平叛乱与南侵,他对北魏的忠心自不必言,绝无可疑。然在《水经注》

中十五次使用南朝年号，这就充分地说明郦道元没有南北之分的政治立场，着眼于全国范围，以期冀的大一统的西汉为基础进行他的地理创作，深刻体现了这种积极开拓、奋发向上的气魄，这种兼收并蓄、包容一切的胸怀。

除此之外，在《水经注》中，郦道元表现了高度的民族自豪感，他心目中的民族并不仅仅局限于汉族，而是由多民族组成的整个中华民族的统一体。对于生活在祖国大地上的各族人民，不论夷夏都尽其所知地认真进行记叙。在记

叙黄河流域开发史时，他十分注意汉族以外的其他民族的作用，他转引孔子称赞郯子时说的"学在四夷"一语高度地评价了古代东夷族的文化素养。他还详细地记载了少数民族的风俗习惯与历史、神话传说。如巴蛮族的首领廪君乘坐泥做的船而不沉；羌族酋长梁晖在一座无水之山中以羊献神使山泉涌出，将鞭杆插在地上长成了树林等等。对于那些促进民族交往的人物，郦道元更是详细记载，大加赞扬。

凡此种种，都表现了郦道元的爱国

主义情怀，这也是他能取得如此巨大的成就，《水经注》成为传世之作的重要原因之一。

## （二）崇高的思想意境

《水经注》一书处处浸润着郦道元的崇高思想，体现着他的做人原则。

表现最强的就是郦道元对邪恶势力的抨击，对清官循吏的褒扬。

郦道元有善必录，《水经注》中记下了许许多多为人民造福的历史人物的业绩。由于《水经注》是一部记载河流的专著，因此，书中记载了很多水利工程，如都安大堰、芍陂、六门陂、长湖等，以及赞扬了著名的水利专家，如李冰、王景、西门豹、史起等。同时，书中记述了许多古代为民着想的好官清官的事迹，如挂阳（今湖南省彬县附近）太守茨充教民织履穿鞋；陇西（今甘肃省

陇西县附近)太守马援引水种稻；渔阳(今北京市密云县西南)太守教民垦殖等事迹。且有赞颂清官良吏的歌谣，如刘陶出任颍阴(今河南省许昌市附近)县令，为官清正，关心县治，因而颍阴风气大正，道不拾遗。刘陶因病离任以后，当地百姓编了童谣来歌颂他："悒然不乐，思我刘君，何时复来，安此下民。"

郦道元嫉恶如仇，《水经注》中批判了不少不利于人民的弊政，谴责了很多为害人民的暴君和贼臣。郦道元在《水经注》中记录了这样一首民歌："生男慎勿举，生女哺用脯，不见长城下，尸骸相支柱。"强烈地抨击了秦始皇的暴政。又如，汉武帝扩大上林苑，供个人狩猎；王莽筑九庙，功费数百万，死者以万计；曹魏明帝建景福殿，造价八百万等等。郦道元对此都一一详记，使之罪状昭彰，从而作出了不言而喻的批判。

《水经注》一书涉及了不少鬼神故事，

用意在于揭露事物真相，反对迷信盲从。

　　淝水之战前，东晋谢玄曾往八公山祈祷。后来，苻坚眺望八公山上，误将草木视为军队。于是，人们纷纷传说，由于谢玄的虔诚祈祷，八公山神显灵了。这也是"草木皆兵"一词的由来。但是，郦道元指出，这并不是八公山的神灵帮助东晋，而是苻坚将士的心疑神惑。

　　安喜县城（今河北省定县城关）的一个城角崩塌以后，人们发现城角下有

不少巨大的木材,横竖相交,如梁柱形状,以为发现了地下的神宫。郦道元对此怀疑,他认为：这一带原先是古河滩，由于山水奔荡，将上游的巨木顺流冲下来，堆积于此。后来木材被沙土掩埋，天长日久，淤积成平地。以后，人们在此筑城，恰巧建于木上。如今城角崩塌，原先堆积在它下面的木材又重见天日。因此，这一切毫不足怪。

从上述例子中可知，郦道元是坚决反对那些荒诞的鬼神迷信之谈的。

当然，《水经注》中也记述了一些神

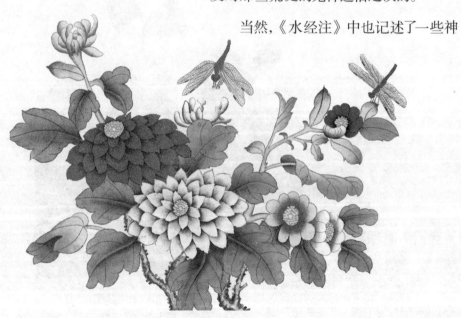

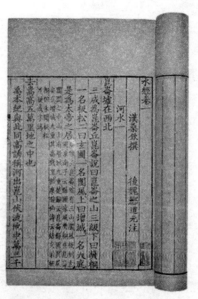

话故事和怪异传说，例如巫山神女、天
马行空、鲤鱼跳龙门等等。但是，这些
故事与传说早已为人民群众喜闻乐见，
它们反映了人民群众渴望征服自然和憧
憬未来的美好愿望，与迷信、落后的传
闻性质是截然不同的。对于有些自然现
象，限于当时的科学水平，郦道元还无
法作出正确的解释，而陷入了谬误的认
识之中。这是时代的局限所致。

与同时代的书籍比较，《水经注》的
思想内容已经达到了相当崇高的境界。

五、极不公正地
　　　评述——"酷吏"

郦道元是北魏著名的学者，地理学家，同时也是一位热爱祖国的将领，他在为官期间亦有不少作为，但就是这样的人物却被他死后二十七年面世的《魏书》收于《酷吏传》，这不能不让人震惊。

清乾隆间编纂《四库全书》，诏定二十四史为"正史"。"正史"在我国是权威的史书，研究者多以"正史"为蓝本，修撰其他史料。如此权威的史书，却把郦道元收于《酷吏传》，这实在令人诧异。

《魏书·酷吏传》共收入酷吏九人：于洛侯、胡泥、李洪之、高遵、张赦提、羊祉、崔暹、郦道元、谷楷。这中间，大部分确实是酷吏，如胡泥"刑罚酷滥"、李洪之"酷暴"、羊祉"天性残忍"、高遵"严暴非理，杀害甚多"等等。这些人，有的因为暴虐而受到朝廷的诛灭，如于洛侯、李洪之、高遵、张赦提均被朝廷"赐死"；有的因为臭名昭彰，受到百姓唾弃，如羊祉，"所经之处，人号天狗"；谷楷"以暴虐为名，时人号瞎虎"。这些人都有一个特点，那就是贪赃受贿，这在史书上

都有记载。

那郦道元又是因何被《魏书》认为是酷吏，把他与上述人同日而语呢?《魏书·郦道元传》只有三百零九字，其中涉及到郦道元一生为官最严重的过失只是在东荆州刺史任上，"威猛为治，民诣阙讼其刻峻，坐免官"。至于如何"刻峻""威猛"，并无具体内容。这里所说的"威猛为治"是郦道元在乱世之中不得不用的重典。时逢北魏后期，国势衰落，胡太后临朝，朝政腐败，社会扰攘，人心浮动。为保一方安宁，郦道元"威猛为治"。据《北史》记载："山蛮伏其威名，不敢为寇。"这说明"威猛"只是他在当时的社会情况下不得不用的一种手段。《北史》中对此的记载与《魏书》有一字之差。《北史》载："蛮人诣阙讼其刻峻。"表示当地的少数民族不堪忍受，于是受到朝廷"免官"，但不久即升河南尹。这说明朝廷免官无非为缓和一下民族矛盾，

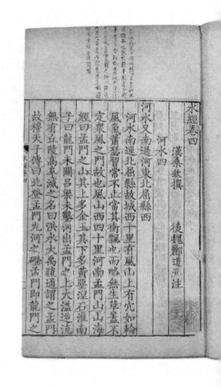

他的"威猛"未违背朝廷的利益，也未达到受到社会道德谴责的程度。

《魏书·郦道元传》记述郦道元为政严猛最重要的一段是："道元素有严猛之称，司州牧、汝南王悦嬖近左右丘念，常与卧起。及选州官，多由于念。念匿于悦第，时还其家，道收念付狱。悦启灵太后请全之，敕赦之。道元遂尽其命，因以劾悦。是时雍州刺史萧宝夤反状稍露，悦等讽朝廷遗为关右大使，遂为宝夤所害，无线于阴盘驿亭。"

从上述材料可看出，郦道元的"严

猛之称"多半来自这些为非作歹的王室
纨绔子弟口中。据史书记载，材料中的
汝南王元悦狂妄不羁，欺男霸女，朝中
百官无不忌惮三分，好男色，最后投奔
南梁。丘念是仗势欺人的男妓，郦道元
不惧权贵，逮捕丘念并处死，弹劾元悦。
这正说明了他为官刚正，嫉恶如仇。同
时，郦道元是为国而死，且得到朝廷追赠，
与那些列入酷吏之人遭"赐死"完全
不同；《魏书》承认郦道元"秉法清勤"，
与那些人贪赃受贿完全相反。这样的话，
《魏书》不是自相矛盾吗？

　　《魏书》和《北史》都是正史，对
郦道元都有记载，北史记载六百十二字，
其中包括了《魏书》那三百零九字在内。
二者对于郦道元的评价不同处有：一是
《北史》未把郦道元收入《酷吏传》；二
是郦道元"表立黉序，崇劝学校""道元
在郡，山蛮伏其威名，不敢为寇""道元
素有威猛之称，权豪始颇惮之""道元

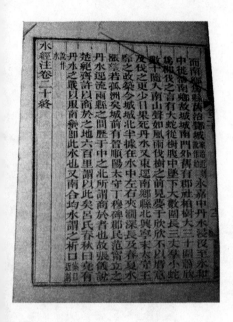

与其弟道峻，二子俱被害。道元瞋目叱贼，厉声而死""事平丧还，赠吏部尚书、冀州刺史，安定县男"这几段《魏书》记载从缺。

从缺的这几段记载我们可以看出当然不能把郦道元列入《酷吏传》。可以从中看出郦道元对为非作歹的皇亲国戚毫不留情，是一个好官清官。然而《魏书》中并没有把上述几条收录进去。《魏书》成书于郦道元死后二十七年，而《北史》较其晚了一个世纪。按收集材料来说，《魏书》占尽天时地利，为何有如此大的缺失呢？

《魏书》的史官魏收据史书记载，"性褊，不能达命体道""收既轻疾，好声乐，善胡舞。文宣末，数于东山与诸优为猕猴与狗斗，帝宠狎之"，除此，《北齐》记载魏收撰此书的掌故甚多，"修史诸人祖宗姻戚多被书录，饰以美言。收性颇急，不甚能平，夙有怨者，多没其善"。从上文可看出魏收此人心性如何，他撰写的史书真实性又如何。因此，赵一清认为："郦道元何至列之《酷吏传》耶，恐素与魏收嫌怨，才名相轧故耶？"这个猜测看来并不是无根据的。

郦道元绝不是酷吏，不应列入《酷吏传》。无论魏收如何编排、诽谤郦道元，历史总会还其公道的。后人也应吸取教训，编纂史书，年代宜相隔较远，这样史官才不会有所偏颇。同时，对于所谓的权威，我们不能盲目相信，要有所判断。

六、《水经注》的
　　　　传承与研究

## （一）历史上的传承与研究

《水经注》成书于北魏后期，从郦道元死后到隋王朝统一的半个多世纪中，北方战火蔓延，北魏都城洛阳曾经几次遭到兵灾，焚烧殆尽，但这部传世巨著奇迹般地在战火中保存了下来。当时雕版印刷尚未出现，一切书籍的流传都要通过传抄，这部著作有几部抄本也不得而知。隋统一中国后,《水经注》的钞本被朝廷珍藏起来,《隋书·经籍志》著录此书作四十卷,可见仍然完好无缺。唐取代了隋后,《旧唐书·经籍志》和《新唐书·艺文志》都有此书的著录,卷数仍为四十卷,仍是此书的足本。直到北宋景祐年间,崇文院整理藏书,编辑目录《崇文总目》,其中,《水经注》被著录为三十五卷。从这个时候起,北宋以前的一些书上所引的泾水、滹沱水、(北)洛水等卷篇就不见了,《水经注》已残缺。

隋唐至北宋这段时期是研究《水经

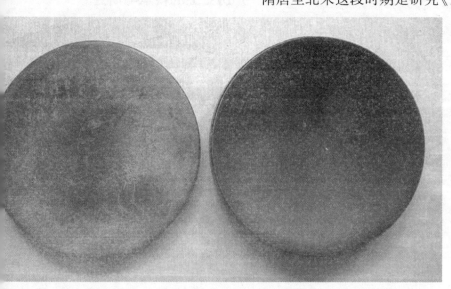

注》的初期。这一阶段所做的工作，主要是剪辑、摘录资料以供他用。隋代的《北堂书钞》、唐代的《初学记》、宋代的《太平御览》和《书叙指南》等都剪辑了《水经注》中的大量资料。唐初的司马贞作《史记索隐》，章怀太子注释《后汉书》，也摘录了《水经注》中的词句，用作注释材料。唐代的《元和郡县志》，宋代的《太平环字记》《晏公类要》《长安志》《元半

九域志》等书则将《水经注》按地区剪裁，然后录入书中。

传抄是一件很辛苦的工作，三十多万字的著作，从头到尾抄写一遍，要花很多时间，而且抄录这样长的文字，中间一定会有许多抄错的地方。所以，辗转传抄的结果，使书籍里的错误越来越多。抄本的收藏者们要么不曾对其校勘，要么校勘后的善本不见影踪。再加上《水经注》的中途散佚，导致篇幅割裂，内容寥落，经注混淆。由此出现了对《水经注》的考据、校勘阶段。

北宋之后，金代礼部郎中蔡珪撰写了《补正水经》三卷，这是深入研究《水经注》的开端。其研究成果虽已亡佚，但从尚存的史料亦可见，蔡珪对《水经注》并不是简单地剪辑摘录，而是对残本作了修订和补充，开了补遗、纠谬的先河。

早在公元9世纪，雕版印刷已成为商品，在唐代发展缓慢，直到北宋中

期，重要书籍的刊印才大量出现。《水
经注》的第一种刊本是成都府学宫刊本，
具体年代已不可知，且早已亡佚，全书
只三十卷，且经注混淆，错误颇多。第
二种刊本为北宋元祐二年本，虽也亡佚，
但通过明代吴琯刊本，还可一窥其貌。

从明代起，刊本流传很多，而学者
们也开始根据宋明的刊本和抄本进行校
勘、注疏。万历四十三年（1615 年）由

朱谋㙔校勘的《水经注笺》是《水经注》刊本史上的名本之一。朱谋㙔在校勘上花了极大的精力，改正了历来沿袭的许多错误。直至清代，许多《水经注》佳本都以此本为底本。

清朝特别是乾隆年间，对《水经注》的研究进入鼎盛时代，当时的学界名流全祖望、赵一清、戴震等人相继从事《水经注》的校勘工作，并各自撰写了专书。全祖望在其祖传校本的基础上，于乾隆

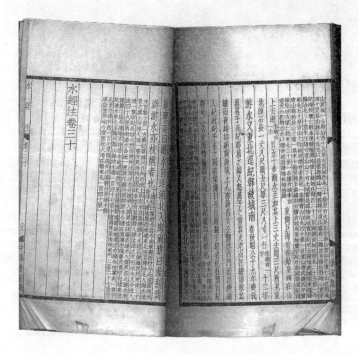

三年完成了对此书的五校，之后又完成
七校，他首先区分经、注两方面，为解
决经注混淆引导先路。赵一清承其方法，
完成《水经注释》，此书校勘精密，注疏
详尽，广辑散佚，增补缺失，贡献之大，
可见一斑。稍晚于赵一清的戴震，奉命
于乾隆三十八年，主校《水经注》，并于
次年刊行武英殿聚珍版本，这是之前任
何版本所无法比拟的。然而也由此引发
了戴赵相袭案，震动整个学术界。

对《水经注》的研究，除了校勘注疏外，还有如钟惺、谭元春等从文学角度对《水经注》中词章的研究；黄宗羲、顾炎武、顾祖禹、胡渭等从地理角度对《水经注》内容的研究等等。由此，对《水经注》的内容、词章、体裁、版本、作者生平、引用文献等的研究逐步发展成为一门专门的学科，简称郦学。这与研究《红楼梦》而产生"红学"一样，只不过郦学渊源比红学早一千多年。

## （二）近现代的郦学研究

清末和民国初年，郦学研究陷入僵局，除了由于对《水经注》的校勘工作已登峰造极，甄于完善，后人难以超越外，戴赵相袭案的论战牵涉了大多数学者的精力，如杨守敬、孟森、余嘉锡、郑德坤、森鹿三等知名学者都牵涉在内。此时期

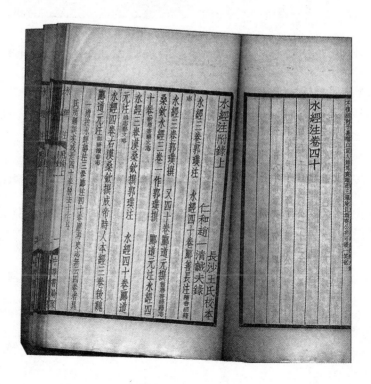

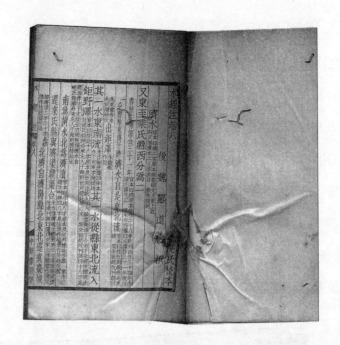

虽然文章和函札不断，但大都不涉及《水经注》本体。此论战牵涉之广，时间之长，削弱了对《水经注》研究的力量，对郦学研究损失之大，难以估量。

当然，也有一些学者远离论战，潜心著述，发表了一些成果。如范文澜的《水经注写景文钞》、丁山的《郦学考序目》、岑仲勉的《水经注卷一笺校》等等。

这一时期，成果最大的当属杨守敬。杨守敬先后撰写了《水经注疏》《水经注疏要删》《水经注图》等著作。

　　杨守敬为研究《水经注》进行了艰
难地实地考察，并在此前作了大量的学
术准备，为《水经注》的总结性研究奠
定了深厚的基础。他著《禹贡本义》《汉
书地理志补校》，以溯其源；撰《三国郡
县表补正》，以考其世；著《隋书地理志
考证》，以究其委。光绪三十一年（1905
年）又将《水经注疏要删》先行刊布发行，
继之又于宣统元年（1909 年）刊刻《水
经注疏要删补遗及续补》，并由此赢得了

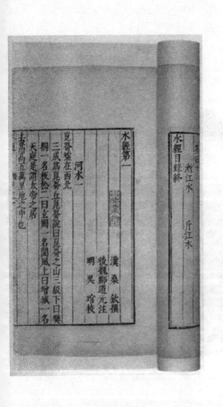

巨大的学术声誉，当时学者名士推崇他的研究是"旷世绝学，独有千古"。杨守敬与其得意弟子熊会贞一道，对《水经注》进行了全面、细致的注释和疏通，从逐一检出注语出处入手，注于书眉行间。此书其篇幅之浩大，征引之广博，考订之精详，令以前的所有研究《水经》的著述逊色。然而，在旧中国，《水经注疏》却一直未能出版。

在修改《水经注疏》的同时，杨守敬还和熊会贞一起完成了《水经注图》的编绘工作，该稿依据《水经注》的内容分区制图，以朱墨套印，便于分清古今的地名。该稿于 1905 年刊印，全套八册，蔚为壮观。1954 年，蜚声中外的学者顾颉刚先生在编绘《中国历史地图集》时曾盛赞《水经注图》为"我国历史地图里面空前的杰作，我们在编制时常需参考"。由此可见，《水经注图》在我国地图史上的重要位置。

　　中华人民共和国成立后，命运多舛的《水经注疏》终于于1957年由北京科学出版社影印出版。中国台湾方面，20世纪50年代初期由台北中华书局将其影印出版。由于出版仓促，以至书内错误百出，钟凤年先生又对此书进行了精当地校勘，写成了七万言的《水经注疏勘误》。

　　杨守敬和熊会贞对《水经注》的研

究可以说是对乾隆以来郦学研究的全面总结和发展，他们的研究成果达到了登峰造极的地步。著名学者顾颉刚在《当代中国史学》中评述清人地理学研究时说："守敬实集清代三百年来《水经注》研究之大成，其专心致志真可惊也。"与杨同一时代的国学大师罗振玉曾将杨守敬的"地理学"、段玉裁的"小学"、李善兰的"算学"推尊为清代三"绝学"。

中华人民共和国成立后，《水经注》

的研究工作发生了重大的改观，学术界日益关注《水经注》本身的科学价值，而对于郦道元本人的研究也得到了重视。如辛志贤的《郦道元籍贯考辨》、赵永复的《郦道元生年考》、刘荣庆的《郦道元遇难地小考》、谭家健的《郦道元思想初探》等等。随着对《水经注》实用性的关注，《水经注记载的植物地理》《水经注记载的城市地理》《水经注与内蒙古地理》等文章陆续发表。尤其从七八十年代起，成果更为可观，研究的成果明显增加，一些新的研究方法和研究手段也在勃兴，学术界正在利用郦道元留下的宝贵财富从各个领域进行研究。

这一时期，中国台湾、香港的学者对郦学亦有不少的研究成果。

台湾这一时期研究成果最重要的是1971年由台北中华书局出版的《杨熊合撰水经注疏》一书。由于《水经注疏》最后定稿本已不知下落，所以此本是现

存最为接近最后定稿本的了，可见其珍贵程度。

台湾的另一重要成果是《胡适手稿》的陆续发行。胡适这位文豪研究郦学的目的是重审戴赵相袭案，为戴震这位同乡翻案，这当然没达成，但他也为郦学作出了一定的贡献。胡适十分强调版本的作用，他收集了《水经注》各种刊本和钞本，曾举办过《水经注》版本展，搜罗的版本之全，无人能比。他还对各种版本作过考证，这些都有益于郦学的研究。

香港已故学界名宿吴天任是著名的郦学家，《杨惺吾先生年谱》是他的郦学研究名著，谱主即为杨守敬。《杨惺吾先生年谱》围绕《水经注疏》这个学术核心，在《邻苏老人年谱》的基础上，对谱主的事迹作了大量的增订，对近世"郦学"的重要事件亦作了详细辑录，并对疏校《水经注》的多宗学术公案进行了讨论。

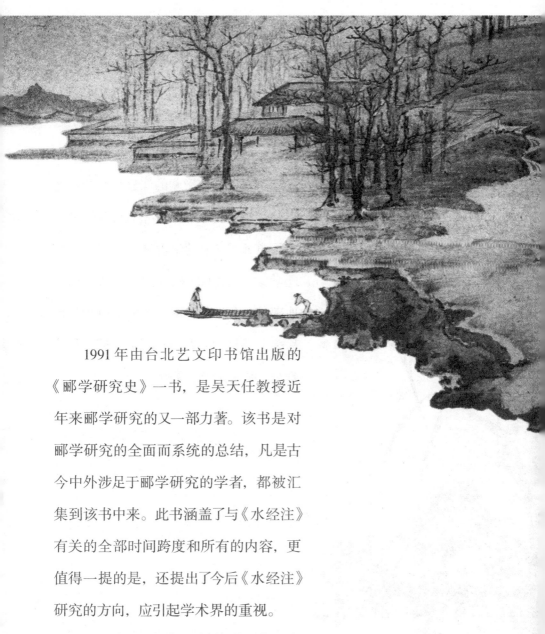

1991 年由台北艺文印书馆出版的《郦学研究史》一书，是吴天任教授近年来郦学研究的又一部力著。该书是对郦学研究的全面而系统的总结，凡是古今中外涉足于郦学研究的学者，都被汇集到该书中来。此书涵盖了与《水经注》有关的全部时间跨度和所有的内容，更值得一提的是，还提出了今后《水经注》研究的方向，应引起学术界的重视。

由于《水经注》这部传世之作，声

名远播，早在清代，国外的一些学者就已开始对其研究，并且发表了一些著作，如法国汉学家沙畹的《魏略所见之西域诸国考》；日本森鹿三的《水经注所引之史籍》《水经注（抄）》等等。可见《水经注》在世界上影响的深远。它的作者更是受到世界学者的推崇，日本学者认为郦道元是"中世纪世界上最伟大的地理学家"。原德国柏林大学校长、国际地理学会会长李希霍芬（1833—1905年）称郦道元是"世界地理学的先导"，如此赞誉，郦道元当之无愧。